파문의 그늘

오석륜 시집

시인동네 시인선 090

오석륜 시집

파문의 그늘

시인동네

시인의 말

세상을 천천히 산 것도 아니고
설렁설렁 산 것도 아닌데
시집이 늦었다.

고맙다.
그 덕분에
이제 겨우
하늘이 내게 걸어오는
농담이
들리는 듯하다.

2018년 초안산 기슭에서
오석륜

차례

제2부

제3부

제4부

제1부

식구

끼니 거른 월세를 재촉 받을 때마다
문틈으로 새어나가는 집안의 허기를
온몸으로 가려주던
담쟁이넝쿨,

우리 집 식구라도 된 듯
악착같이 매달려
몇 해를 같이 살았습니다.

관심

봄비가
혀 짧은소리로
아양을 조금 떨었을 뿐인데
그 유혹을 참지 못한 채 떨어지는
목련꽃 이파리를

바람이
왜 그랬냐고,
왜 그랬냐고,
여기저기 잔소리로 끌고 다니고 있다

파문

어머니가 몸이 아프다며 털어놓았던
고통의 말들이
순식간에
아버지의 눈시울을 타고
자식들의 가슴을 타고 가서
모두를 울게 했던
그때

눈물은
서로에게 번지다가
또 퍼지다가
마침내 식구들의 얼굴에
같은 모양의 파문을 그리고 있는 것을
본 적이 있었다

장마

장마가 계속되던 날
저지대에 모여 사글세 살던 사람들에게는
근근이 벌어오던 일당에 대한 절실함보다는
며칠 동안이나 낮은 곳으로만
낮은 곳으로만 흘러내리는 장대비의 방향이 더 무서웠다
오랫동안 터를 잡고 살고 있는 궁기의 뿌리가
통째로 뽑혀나가는 것이 더 무서웠다
세상으로 나가는 통로가 잠겨버린 좁은 골목길은
우리들 허리춤보다 더 높이 떠다녔고
그럴 때마다 사람들은
차라리 고지대 달동네의 방 두 칸짜리 집에서
따뜻하게 라면 하나 끓여먹는 게 더 낫겠다는
푸념을 늘어놓았지만
장마가 끝나고 나면
언제 그랬냐는 듯 또다시 일당을 찾아
빗줄기처럼 세상 곳곳으로 퍼져 나갔다
장대비에도 겨우 목숨을 건진 몇몇 해바라기와 잡초는
오히려 무성하게 자라 올라

가재도구가 떠내려간 공허함을 메우기도 했고
허름했던 집과 집 사이의 경계를 더 명확하게 해주기도 했지만
장마 피해를 조사하러 나온 관공서의 공문은
저지대 사람들의 자존심을 건드리지 않으려고
까치발로 조심스럽게
이 집 저 집 문을 두드리고 돌아다녔다

아름다운 파업

밤새
떨어진
은행잎이
누워 있던 빗자루를
덮어버렸습니다

그날
아무도
빗자루가
어디 있는지
찾을 수가 없었습니다

경박한 상상

환관의 무덤가에 무성하게 자라 오른
저 잡초들이
바람이 불 때마다 무언가 중얼거리는 것을 봐서는
살아생전 아무에게도 말하지 못했던
조선 왕들의 비밀을 말하는
환관의 혀를 닮은 것 같기도 하고

혹은
생전에 수염 한번 기르지 못했기에
죽어서야 제대로 자란
수염 자랑을 하는 것 같기도 하고

이런저런 생각을 하며
비석에 새겨진 한자를 읽는데

아이쿠, 송구하옵니다.
정삼품(正三品) 어르신한테
경박한 상상을 하고 말았습니다.

그해 여름의 구인사

그해 여름
구인사의 종소리는
처음으로 절을 찾아온 까까머리 중학생의 손을 잡고
요양 와 있던 어머니의 병세를
꼬치꼬치 캐묻고는

걱정 말아라, 아무 걱정 말아라, 하며
다음 종소리가 이어질 때까지
자신의 마지막 한 호흡까지 잃어버리지 않겠다던
동행의 울음이었는데
토닥토닥 내 등을 두드려주었는데

어머니는
어둠에 난무하던 산짐승들의 울음을 불러들여
밤새도록 마하반야바라밀다경전 독경 소리를 태우기만 하던 법당 안 향불처럼
이승에서의 길지 않았던 삶을
조금씩 태우고만 있었다

단양역에서

뒤돌아보면 정신없이 살아온 것이 어디 나쁜이겠는가. 지천명이 넘어서야 찾아온 나를 큰 소리로 나무라는 기적 소리, 허공에서 눈발의 허벅지를 끌어당기고 있다. 연단조양(鍊丹調陽)*의 뜻을 펼쳤던 신선들과 단양 땅 여기저기에 피어날 눈꽃들도 이제 곧 내 허벅지를 붙들 것처럼 하염없이 눈발이 쌓이고 있다.

그저 그리움만 찾으러 올 거라면 오지도 말라고 꾸짖던 고모도 얼마 전 세상을 뜨시고 이제는 반겨줄 사람 몇 남지도 않았는데 샛노랗게 뜬 얼굴로 매점을 지키는 귤 몇 개를 씹으며 나는 역을 떠나지 못하고 있다. 자주 오겠다는 약속을 지키지 못했다는 것이 이제와 무슨 소용 있으랴. 눈발처럼 쌓이는 회한을 돌려보내지 못한 채 나는 역 앞에 무수히 찍히고 있는 눈발의 발자국을 바라보고만 있다.

---

*단양(丹陽)이란 지명의 유래가 된 말. 연단은 신선이 먹는 환약이며, 조양은 빛이 골고루 따뜻하게 비춘다는 의미이다.

올산리(兀山里)

우뚝 솟은 산 이름 '올(兀)' 자를 써서 올산(兀山)이다.
야생의 짐승들이 어둠에다 울음소리를 찍으며 올라가다 보니
팔백오십팔 미터나 되는 위엄을 이루었고
깊은 골은 그 높이를 혈류처럼 이어주며 든든하게 둥지를 틀었다.
단양군수 시절의 퇴계 선생이 다녀간 후의 흔적을 추억하며
오랫동안 그러모은 경외감을 달빛에 그득 풀어놓고 살았을
성황당은 지금은 사라지고 없다.
소백의 원시림을 헤쳐 나온 수많은 물줄기가
호롱불을 켜고도 남을 만큼 힘찬 낭만으로 흘렀고
겨울이면 오랜 전통처럼 눈발이 산골마을의 허벅지를 파묻곤 했다.

아침이면
밤늦게까지 마을 곳곳에 똬리를 틀고 살던 뱀들이
부엌 황토벽에 불쑥 나타나 공존의 신호로 꿈틀거리기도

했고
별자리들이 긴 유랑의 피로를 풀기 위해
도랑물로 내려와 몸을 씻고 갔는지
별처럼 생긴 꽃들이 난만하던 곳.

할머니의 허리도 서서히 마을 입구의 언덕을 닮아가고 있었지만
백발의 머리카락을 정갈하게 빗어내는 참빗의 틈새로
파고들던 한 줌 햇살은 처음으로 이 마을에 전기가 들어왔을 때보다
더 아름답게 반짝거렸다.
어디로 갔을까.
여기저기로 뿔뿔이 흩어져 나간 집집마다의 소문이며
수시로 안부를 물어보고 싶어 했던 그리움은,
몇 개의 개울을 건너다녀 더 명징해진 달빛을 따라
밤늦도록 샛터에서 놀다가 언덕마을까지 돌아오던
내 유년의 추억을 불러주듯
으흠, 으흠, 하던 할아버지의 헛기침이

병풍처럼 둘러쳐진 땅.

우뚝 솟은 산 이름 올(兀) 자를 쓰는 올산리, 그곳을
늘 입버릇처럼 하늘 아래 첫 동네라고 불러주던
메아리는 아직도 나를 기억하고 있을까.
나를 기다리고 있을까.

웃음꽃

허공에서 들었던
새들의 익살스러운 농담을
하나하나 기억하고 있다가
지상에 내려오자마자
아낌없이 꽃들에게 들려주는
빗줄기

그 농담을
꽃잎이 꼼꼼하게 받아 적을 때마다
시들해진 꽃들도
환하게
웃음꽃을 피울 수밖에 없었습니다

누나의 무늬

아궁이가 없어서 불을 뗄 수도 없었던
반지하방에
형이 토해내던 각혈의 핏방울은
벌레처럼 구석구석으로 기어들어 갔다
기침 소리 또한
더운 물을 채워 추위를 버티고 있던 수통에게
경기를 일으키며
지상으로 빠져나가곤 했는데
그럴 때마다
반지하방을 엿보고 있던 길가의 동백꽃 뿌리가
거름처럼 그것을 다 빨아들였고
누나도
부지런히 재봉틀을 돌려 만들어낸
다양한 이불 위에다
형의 각혈과 기침 소리를 곱게
아주 곱게 꽃무늬로 새겨 넣고 있었다

불쑥, 벚꽃 향기가

어둠이, 모든 것을 닫아버린 어둠이 길을 잃고 헤매다 소쩍새의 날개에 부딪쳤고, 허공의 길은 그 날개의 피로를 받아들이느라 삐뚤삐뚤해지고 있었는데, 조금 전까지 발꿈치 들고 지나갔던 작은 소리도 굽은 길을 돌다가 진땀을 흘렸는지 미동조차 없었는데,

불쑥, 소쩍새가 쉬고 있는 벚나무에서 향기가 올라와, 피로를 아물게 해주겠다는 뜻인지 소쩍새보다 먼저 비상(飛上)하는 벚꽃 향기가 번져와, 잃어버린 웃음도 슬쩍, 슬쩍, 던져주고 가는 허공의 바람.

개나리 꽃잎처럼

오랫동안 학비를 내지 못했는데도
학교는 그를 퇴학시키지 않았고
그해 봄날
담임선생님이 얘기 좀 하자며 그를 불러냈을 때
그는
개나리 꽃잎처럼
노랗게 질린 얼굴로
교무실로 들어가곤 했다

새 학기가 되었는데도
학비를 마련하지 못했던
그의 아버지는
개나리 꽃잎처럼
상기된 얼굴로
꽃샘추위에 떠는 일 많았지만

그 후 학교가 다시
수업을 들을 수 있게 허락해주었던 날에는

봄비에 떨어지는
개나리 꽃잎처럼
그는 펑펑 울기만 했었다

여울

비록 얕고 좁은 여울이지만
여기로 모여든
물살들의 생각은
회오리바람이라도 일으킬 것처럼
스스로의 힘과 근육을 키우겠다며
끊임없이 돌고 도는,
더 낮은 곳을 향해
더 힘차게 살아가겠다는
다짐 같은 것인데

곰곰이 생각해보면
내 몸속에도 유전자처럼
여울이 있었다.

은행의 진심

은행도
짝을 지어 걸어오는 유치원 아이들과
친해지고 싶었던 모양입니다
빠른 속도로
툭툭툭툭툭툭,
떨어지더니
금세 아이들의 신발 밑으로 파고들어
향기란 향기는
모두 꺼내들고
한바탕 신나게 놀고 있습니다

도토리의 꿈

도토리는
비록 월동용으로 다람쥐가 꼭꼭 숨겨놓은 것이었지만
봄이 찾아오면 싹을 틔워
스스로 참나무가 되겠다는
꿈을 꾸었습니다

그때쯤이면
자신을 땅에 숨겨주고 사라진
바로 그 다람쥐가
다시 찾아줄 거라는
생각 때문이었습니다

제2부

설중매

홍조 띤 얼굴인 줄 알았는데
뽀얗게 화장을 하고 나오는
당신에게서
매화 향기가 난다고 전해주는
삼월의 눈발이여

산속의 가뭄을 옮겨 적다

아래쪽으로 씩씩하게 뜀박질하던 물소리가
군데군데 튀어나온 돌부리에 걸려 종종걸음이다.
몇 달 동안 끼니를 잇지 못한 물의 뼈대가 앙상하다.
이리저리 길을 찾아다니며 조잘대던 물이
실어증에 걸린 것을 알아차린 멧새들,
떼로 모여들어 수다를 떤다.
물의 기억을 되살려야 한다며
물의 책임을 일깨워야 한다며
기우제의 필요성을 토론하고 있지만 한숨만 비행 중이다.
조금만 더 버텨보자며
뿌리의 근육을 무시로 어루만지는 원추리 몇 송이에게도
물은 이제 이웃이 아니다.
옥죄는 고갈의 그림자만 가까워지고 있다.
가끔씩 갈증을 풀어주던 바람의 천성도 감각을 상실했고
산속의 절규를 듣지 못하는 난청까지 겹쳤다.
다만, 여기저기 돌아다니며 언제 비가 오는지를 물어보던
청설모 몇 마리가 툭툭,
물살을 건드릴 즈음에야 겨우 미동으로 반응하는 물,

안부를 물어준 것이 고마웠을까
엷은 미소 몇 개를 제 낯에 띄워놓는다.

고등어자반

하늘 아래 첫 동네 올산리 언덕마을에서 오일장이 열렸던 단양읍의 장터까지는 족히 육십 리도 더 되는 길. 하지만, 멀미로 차를 타지 못했던 할머니는 이른 아침부터 아득히 먼 길을 걸어가 내가 좋아하던 고등어자반을 사오셨다. 나랑 피 한 방울 섞이지 않았던 그녀가 돌아올 때쯤이면 마을 입구에 있던 언덕은 미리 마중을 나가 허리를 굽힌 채 기다리고 있었고, 어슴푸레해진 길을 밝히려던 보름달도 할머니의 보자기에 매달려 집으로 오는 길을 재촉했는데, 그때 자반을 움켜쥐고 있던 비린내는 보자기 틈으로 슬금슬금 기어나가 터줏대감처럼 살고 있던 성황당 귀신을 깜짝 놀라게 하곤 했다. 줄곧 그 비린내를 빨아들이던 소금 한 움큼보다 더 짜기만 했을 할머니의 땀방울에 나는 그만 울컥, 눈물이 났는데, 화력 좋던 그 화롯불도 자반이 다 익을 때까지 내 눈물을 말리지는 못했다.

겨울 연가

먼 길 흘러가야 할 강물이 너무 추울 것 같아서
이 겨울이 다 가도록
뜨겁게 껴안고 놓아주지 않는
저 얼음처럼

그대와 함께 가야 할 길이
멀고도 멀다는 것을 알고 있기에
저도 올 겨울에는
속이 단단해지겠습니다
당신을 꼭 품을 수만 있다면

지옥에서 배달된 그림

둔치 길에
압축기 같은 자전거 바퀴들이
들쥐 한 마리를 꾹꾹 눌러 찍어놓았다
모든 혈관들 이미 굳어져
한 장의 포(脯)가 되어버렸다

바람이 저승길 가냐고 물어볼 때마다
둔치 길에 누웠다가 가끔씩 허공으로
붕, 뜬다
천상의 나들이를 꿈꾸지만

되풀이되는 참혹한 수형(受刑)

하직인사가 너무 길어져 안타까웠을까
새빨간 장미 꽃잎들이 들쥐에게로
낙화한다
노잣돈처럼 몰려들어
꽃가마 만들어주고

자전거 벨소리도 장송곡처럼 흘러가자

빗방울,
하늘의 뜻을 전하러 온 것인지 한참을 퍼부었고
그러는 동안 들쥐의 주검은
조금씩 살아 움직이고 있었다

소문

산골짜기 마을에 폭설이 계속되던 날, 이곳에서 태어나 한 번도 도시로 나간 적 없는 영순이 아버지는 집 나간 아내가 돌아올 거라 믿으며 눈을 치우며 길을 내고 있었습니다. 그러나 장성한 외동딸인 영순이마저 그 길을 따라 제 어미를 찾겠다며 집을 나가자, 머지않아 그도 마을을 떠날 것이라는 소문이 모락모락 굴뚝의 연기로 피어오르기만 했습니다. 식구를 늘리겠다며 새끼 몇 마리를 낳아준 검둥이 덕분에 소문은 주춤해지기도 했지만, 아내의 소식만을 손꼽아 기다리던 그의 집에는 겨울 내내 더 이상 식구가 늘지 않았고, 가끔씩 안방에서 흘러나온 기침 소리가 사립문 밖으로 빠져나가지 못하고 처마 밑 고드름으로 주렁주렁 매달리기만 하였습니다.

굴참나무의 외도

야윌 대로 야윈 굴참나무 그림자는
하얀 속살을 붙이고 싶어
눈발이 퍼붓자마자
도토리가 무더기로 빠져나간
바로 그 빈자리마다
눈꽃을 피우고 있었습니다

귓속말의 정체

영화관에서 그대의 손을 잡으려고 하니
그대가 내 손을 뿌리치고
대신 울창한 숲을 지나온 영화 속의 기차 소리가
설원의 높바람과 손을 잡고
스크린 밖으로 미끄러져 나오는데
나는 그 순간을 놓치지 않고
또다시
그 기차 소리를 고스란히 빨아들이고 있는 강물처럼
그대에게 흘러가려고 하자
그대가 귓속말로
지금 저 기차처럼 우리들도 어디론가 가고 있는 것이 아니냐고
기차의 속도를 헤아리고
기차 소리 하얗게 닦아내며
서로의 몸을 섞고 있던 눈송이들도
스크린 밖으로도 뛰쳐나와
영화관은 온통 눈발로 흩날리지만
내 손에는 여전히

그대의 손은 없고 눈송이만 소복소복 쌓이고
영화가 끝날 때까지도
끊어진 기차 소리는 더 이상 이어지지를 않고

가을 우산

가뭄에 지친 스스로의 목마름을 풀기 위해
잔잔한 수다를 떨고 있는
초가을 빗줄기처럼
그녀의 귓속말이
내 몸으로 스며들 때마다

마른침 넘어가는 소리를
빗소리로
얼버무려주는
가을 우산

정전의 감정

달빛이여,
조금만
아주 조그만
몸을 틀어서 지나가면
안 되겠니?

내 손길과
내 목소리가
그녀에게 불을 붙일 때까지만

게를 잡다가, 불현듯

한꺼번에 바닷물이 빠져나간
자신의 허허로움을 풀기 위해서
갯벌은
온갖 게들을 떼 지어 풀어놓고 있는데

그런 게들을 잡으면 잡을수록
오히려
내가 허허로워질 수 있겠다는 생각이
게 떼처럼 몰려왔다

정전과 동백

얼키설키 무질서하게 살고 있는
세상의 전선(電線)들에게
일방적으로 정전을 통보했던 것이 미안했을까
폭설이
무작정 쌓아두기만 하던 눈[雪]의 응집력을 모아
눈[目]을 밝히자
다부진 부리로
어둠의 껍질을 쪼아 붙여주는 철새 몇 마리

다음날 아침
이정표 같았던 철새 울음들이 몰려 간 곳을 살펴보았더니
전구 알 같은 동백의 꽃망울이
눈덩이를 오물오물 빨고 있었다

배꼽

나이를 먹어 갈수록
중학교 때 돌아가신 어머니의 기억은 자꾸 멀어져 가는데
어머니의 배꼽은 기억이 난다
무슨 병을 앓다가 돌아가셨는지 또렷하진 않지만
아프실 때마다 배꼽 주위를 손끝으로 꾹 눌러 달라고 하셨다
한참을 그렇게 눌러야만 사라졌던 어머니의 통증,
다시 도지면 이번에는 네댓 살 된 동생이
배꼽 주변의 통증을 눌렀다
그럴 때마다 어머니의 생은 작별의 신호처럼 무섭게 깜박거렸다
어머니의 배꼽에서 슬픔을 배우기 시작한 동생은
가끔씩 손등에 눈물을 떨어뜨렸고
그 눈물은 고스란히 어머니의 배꼽이 받아들였다
아가야, 이 배꼽이 네가 나왔던 곳인데,
이 배꼽이 네 잉태의 순간을 기억하는 곳인데,
하고 울먹였고
그 몇 해 뒤 우리 형제는 영원히

어머니의 배꼽을 누르지 않아도 되었다
그해 여름 삼도천을 건너가신 어머니 대신에
우리 동네 빈터에는
어머니의 배꼽을 닮은 며느리배꼽꽃이 드문드문 피어나
우리 형제의 하굣길을 지켜보고 있었다

사월의 묘비명

민들레 잔뜩 피워놓고
세상 여기저기로
홀씨를 날려 보내고 있는
저기 저
내시 무덤의
묘비명은

바람[風]인가
바람[希]인가

슬픈 출산

호우경보가 밤새 작달비를 데리고
맨발로 뛰어다니던 날
허공에 무수하게 찍힌 비의 발자국을 피해
아파트 지하 주차장으로 몸을 숨긴
고양이 한 마리가
힘겨운 산통을 끝냈지만
이미 감겨버린 듯한 눈에는
새끼 고양이들의 울음이
그렁그렁 매달려 있었고
젖을 빨지 못한 허기를 더 재촉하는
자동차들의 시동 소리가
작달비처럼 쏟아지고만 있었다

단칸방

세상에서 가장 뜨거운 곳이었다.

일터에서 돌아온 식구들은
밤마다 스스로가 하루하루 만들어온 이야기만으로 이부자리를 깔았다.
우리들의 지친 호흡만으로도 뜨거웠기에 빈 공간은 없었지만
겨울밤이면 약속처럼 문틈 사이로 비집고 들어온
북풍은 머리맡에 둔 걸레가 다 받아들였고,
아침이 되어도 꽁꽁 언 채로 풀리지 않았다.
좀처럼 물러가지 않았던 가난을 풀어주려고
가끔씩 달빛이 방문 앞까지 내려왔지만
식구들의 신발 속만 덥혀주고 갔고
아버지는 그런 달빛을 따라 새벽일을 나갔다.
달빛 따라 찾아올 것만 같았던 누이는
몇 개의 소문으로만 다녀갔고
그런 소문도 어쩌다 발목까지 내린 눈이 하얗게 덮어버렸다.

꼭두새벽에 찍어놓은 자신의 발자국이 눈에 덮일 때마다
또 다른 곳으로 날아가는 겨울새는 눈부시도록 아름다웠다.
그들의 뜨거운 비상 같은 것을 꿈꾸었던 나는
몇 년 후, 빠른 등기처럼 월세 삼만 원씩을 꼬박꼬박 배달해주던
단칸방을 떠났지만 아버지도 하늘나라로 먼 길 떠났다.
이 세상에서는 보지 못한 가장 넓고 넓은 곳으로 길 떠났다.

그래도 단칸방은 세상에서 가장 뜨거운 곳이었다.

자수(刺繡)

재봉틀 돌리며 돈을 벌겠다며 떠난
누나가
월급날이라고
닭 한 마리 사오던 날 저녁

배를 곯고 살다가
일제히 백숙 냄새를 맡고 나온
어둠이
온 집안을 돌아다니며
한 땀 한 땀
수(繡)를 놓고 있었습니다

제3부

폭설의 박애정신

오랫동안 앓아온 세상의 아픔과 치부를 덮어주는 것

그것이 폭설의 박애정신의 근간이고 핵심이다.
그래서 빈틈을 보이는 곳이면 어디든지 파고들었던 것이다.

사람들이여, 눈처럼 살아가라,
삶이여, 눈처럼 펼쳐져라.

그런 뜻은 아무나 품을 수 있는 것이 아니기에
세상도 선뜻
아무런 저항 없이
폭설의 정신을 수용하였고
이런 방식의 통합을 더 적극적으로 원하지 않았을까.

일 년에 몇 번씩은 꼭
박애정신을 강의하러 내려오던
폭설의 발걸음이
요즘은 뜸해졌다.

서울이라는 섬

사람과 사람 사이 섬이 있다, 는
정현종 시인의 시가 사실이라면
우리나라에서 가장 섬이 많은 곳은 서울이다.
여기에 섬에 가면 섬을 볼 수가 없다, 는
안도현 시인의 시를 덧붙여 생각하면
천만 개나 되는 섬은 서로가 서로를 볼 수가 없다.
뿐만 아니라 온갖 불빛을 다 쏟아내면서도
서로를 볼 수 없는 서울의 밤은 더 더욱 그리하여
섬은 제 자신마저도 볼 수 없을 때가 있다.
섬의 허기도 섬의 외로움도 더 깊어가는 것이다.
강물은 흘러 흘러 어디로 가나
섬은 흘러 흘러 어디로 가나
지워지지 않는 섬이 되려고
중심을 잃지 않는 수평선 같은 섬이 되려고
거친 파도가 아무리 밀어내려고 해도
아등바등 살아가고 있지만
어쩌면 앞으로도 그런 삶을 살지도 모르겠지만
그래도 여러 명산이 몰려 있는 서울에

여태껏, 산과 산 사이에도 섬이 있다, 는 시가 나오지 않는
것을 보면
서울은 살 만한 곳이구나 하는 생각도
가끔씩 한강수처럼 나를 적셔줄 때가 있다.

월계역

철길은 붉게 물든 자신의 얼굴이 부끄러웠는지 월계역 안까지 초저녁 해를 끌고 들어갔다. 초안산에서 내려오다가 철길에 미끄러진 산 그림자도 실뱀처럼 역사(驛舍)로 빨려들어갔다. 허약해진 물소리로 추분(秋分)까지 버틴 것만 해도 용하다며 중랑천의 가뭄 소식을 전해주고 가는 두루미 몇 마리. 그들의 비상(飛翔)과 열차의 작은 기적 소리가 하나 둘씩 불을 켜고, 이윽고 열차의 바퀴 소리가 중랑천 바닥으로 달려가 족적을 찍는 것도 보인다. 힘든 때를 지났으니 곧 편안하게 쉴 수 있는 시간이 올 거라며 능소화가 어둠을 조금씩 밟으며 담벼락을 오르고 있는 동안, 역을 빠져나오는 사람에게 달려가 오늘도 당신의 역사는 아름다웠다며 한쪽 눈썹을 슬쩍 감았다 보여주기를 되풀이하는 초승달 아래, 월계역.

무산(霧散)의 속내

안개는 분명
때가 되면 물러나겠다는
약속을 품고 있었고
그 약속을
묵묵히 지키겠다는 지조 하나로
살아왔는데
그걸
무산(霧散)이라고
평가절하하는

웃기는 세상아
어리석은 사람들아

침이 아픈 이유

지하철에서 앉아 가고 있을 때였어요
내 옆의 여인이 꾸벅꾸벅 졸더니
내 어깨를 베개 삼아 얼굴을 파묻어버리더라고요
얼마나 사는 게 피곤했으면 저럴까 싶어
그 여인의 얼굴을 쳐다보려는 순간이었어요
침을 흘리고 있는지
내 어깨 쪽이 촉촉해 오더라고요
일어나라고 말을 해야 하나
말아야 하나
한참을 망설이고 있었지요

내 입은 점점 침이 말라가고
내 어깨는 점점 더 침이 고여 오고
살다 보면 아무 죄진 것도 없는데
오늘도 침은
진퇴양난입니다

저승꽃 1

여러 겹으로 주름진 할아버지의 뺨으로
별빛이 내려앉아
한참을 머물더니
그 뺨에 별꽃 모양의 꽃을 피우고 있었고
어린 손자가 그 별꽃이 예쁘다며
자꾸 만졌던 탓인지

몇 년 후에는
저승사자가
그 꽃은
자기들의 나라에만 피는 꽃이라며
그만 거두어가고 말았습니다

낙동강

아무것도 가진 거 없는 사람들이 벌어먹고 사는 데는
서울만 한 곳이 없다는 소문만 믿고 짐을 챙겼다.
그 위안을 별처럼 촘촘하게 새긴 가방 하나만 들고
낙동강을 나서는데
곱은 손 펼치며 몇 개의 추억과 몇 개의 된바람을 쥐어주던 억새들
수도승처럼 서서 나를 조금씩 밀어내고 있었다.
겨울 안개는 내가 품고 있던 위안을 덥혀주려고
강가 쪽에서 몰려왔지만
그 속을 비집고 들어가 안개 목욕을 마친 겨울새 한 마리는
완치되지 않은 폐결핵 환자처럼
여전히 낯선 기침으로 쿨럭거렸다.
울음처럼 뱉어낸 객담 한 움큼을 된바람이 풀어헤치고 있었다.
더 이상 가난과 병을 갖고 돌아와서는 안 된다며
어떻게든 서울 가면 성공하고 편지도 꼬박꼬박 써달라고 떼를 쓰던
낙동강의 길고 긴 포물선

그림자처럼 따라오며 허공으로 퍼져가고 있었고
그렇게 허공에 펼쳐진 길을 촉촉이 밝히려고
동대구발 서울행 야간열차가 기적을 울리고 있었다.

여비 한 푼, 학비 한 푼 보태주지 못했다며 한없이 흐느끼던
누님 같던 낙동강의 물결이
한강까지 동행하며 거슬러 올라오는 동안
뜬눈으로 밤을 새운 차디찬 달빛은
자꾸만 내 손바닥으로 흘러와 짙은 손금 하나 새겨주고 있었다.

갯벌에 내려앉은 낮달

저 멀리 난바다의 해안선은
갯벌이 바닷물에 빼앗기는 것을 지켜볼 수만은 없었을까
갈매기들을 떼거지로 보냈고
갈매기들도
어금니 꽉 깨문 해안선을 물고 와
몇 무리씩 짝을 지어
갯벌 여기저기를 밟고 다녔는데
그 덕분에
갯벌의 근육도 단단해질 대로 단단해지고
피부도 제법 차지게 다져졌는데

그냥 지나치기가 쑥스러웠는지
낮달도
갯벌을 꽉 움켜쥐고 있던 낡은 배
그 앞 유리창에다
잠시 여장(旅裝)을 풀고 앉았다

끈

가방 파는 아가씨가,
할머니,
그 낡은 가방 버리고 새거 하나 사세요, 하자

할머니,
아무 망설임 없이

이거 아주 오래전
죽은 우리 영감이 사준 건데,
이것마저 버리면 나는
끈이 없어지는 것 같아서……

흙은 추억에 약하다

흙이
살아생전 안하무인으로 날뛰던 자들의 주검을
아무 조건 없이
단단하고도 포근하게
무덤으로 묻어주는 것은

저들이 태어나서
처음으로
자신을 딛고 일어서서 아장아장 걸음마 배우던
그 시절을
또렷하게 기억하고 있기 때문이다.

그것이 뿌리처럼
단단한 추억으로 남아 있기 때문이다.

빗줄기는 원의 생각을 품고 있다

오로지 직선이나 사선으로
내려올 수밖에 없었던
빗줄기는
자신의 쌓인 피로를 풀기 위해
땅에 떨어지는 순간부터
둥근 의자 같은
원을 그리며
서로를 다독거리기 시작했지

얘들아,
이제는 편히 쉬자,
우리들끼리 얼굴도 익히고 같이 놀자,

진눈깨비를 맞으며

눈이었다고,
비였다고,
아득한 허공에서부터
서로의 존재감을 다투다가
서로 양보하지 못하고 다투다가
지상에 내려와서 쓴

저 상처투성이의 삶

쌓아둘 것이 없다는 듯
사라지는데

오늘 나도 저렇게 살지는 않았는지
되돌아보고 있다

여우비

한여름 더위가
어느 정도인지를 모르고 왔다가
그 기운이 전혀 식을 기미가 없다는 것을 알아채고는
지상에 제 몸만 살짝 적시고 가는
여우비

그 여우비를 피해
잠깐 동안 내 옆에 머물렀던
그녀가
마치 여우비처럼 몸을 살짝 스치고만 갔는데

내 몸은 그만
흠뻑 젖어버렸습니다

강가에서

강이 하루 중에서 가장 외로울 때는
노을이 사라질 때였다

강은
제 몸에서 완전히 빠져나간 해가 그리워
가장 맑고 맑은 발성으로 흘렀다
누군가를 부르는 것 같았다

그 목소리가 하늘까지 전해졌을까
달 하나가 서둘러 나와
해가 빠져나간 바로
그 자리로 찾아들어가고 있었다

강의 외로움이 조금씩 풀리고 있었다

봄이 되면 짝사랑도 풀리겠지요

얼마 전에
그대에게 편지를 써서 띄워 보냈던
종이배 하나가
유난히도 추웠던 겨울 아침에 보니
몇 미터 가지도 못하고 서서
꽁꽁 얼어붙어 있더라고요

그대여,
벙어리 냉가슴 앓고 있는
편지 속의
사랑한다고,
사랑한다고,
되풀이 쓴 그 글씨들

봄이 되면 풀리겠지요

그리움은 바람의 성질을 갖고 있다

아,
나는 그대가 꽃인 줄 알고
바람으로 다가서기만 했는데

아,
그대는
내가 꽃인 줄 알고
바람으로 서서 맴돌기만 하였구나

제4부

깨금발

아침부터
백로 몇 마리가 겨울 강가에 모여
간혹 깨금발로 뛰어다니거나
종종걸음으로 부산하기만 하기에
왜 그럴까
궁금하기만 하였는데

백로가 얼음장 위에 흰빛 몇 점 남기고
떠난 후에 알게 되었다

얼음의 두께를 재고 있었다는 것을

혹여 깨질 것 같은 얼음 위에서는
깨금발이어야 한다는 것을

왜가리, 따뜻한

자신의 마지막 자맥질이 무서웠던
저녁 해는
다시는 강에서 빠져나오지 못할 것 같은 두려움과 함께
하늘에서 함께 몸을 덥히던 구름도
겨울 강에 빠진 것이 미안하기만 했지요

그리하여 강을 빠져나오지 못하여
둘 다 이내 얼어버릴 것만 같은 초조함으로
떨고만 있었지만

아까부터 이 풍경을 지켜보다 날아와서는
긴 목을 담근 채
저녁 해와 구름을 찾고 있는
왜가리 몇 마리

사흘 동안의 기도

감기로 이미 숨을 거둔 새끼 들창코원숭이를
꼭 안은 채
사흘 동안이나 이리저리 떠돌아다니던
어미 들창코원숭이는
새끼가 다시 살아날 수 없음을 알고 있었지만
혹여 깨어날지도 모른다는
간절한 기적을 품고 있었던 것이다.
마침내
제 새끼를 풀숲에 남겨두고 길을 떠나자
눈발,
어미 들창코원숭이를 줄곧 따라다니던 바로 그 눈발이,
새끼 들창코원숭이를 하얗게 묻어주는
티베트 고원의 겨울.

덫

쥐는 자신의 꼬리를 옭아 맨 덫을 끌고
온 마당을 돌아다녔다
그리하여 반드시 꼬리를 빼내
자유로운 몸이 되어야겠다고 마음먹고서
달빛 타고 마당으로 내려온 가로수의 그림자마저 끌고 다니며
탈출을 도와달라고 했지만
마당에는 처절한 생존의 발자국만 선명하게 찍힐 뿐이었다

그 발자국 위로
하루 종일 돌아다니다 귀가한
형의 발자국이 겹치기 시작하고
죽어가는 쥐의 숨소리를 쫓아다니다
점점 시력을 잃어가는
먼지 쌓인 백열등도
마침내 덫에 걸리고 마는
자정의 슬픔

섬

바다로 가야만 살 수 있는데, 크랩 섬에 태어난 수많은 새끼 바다거북들은 바다로 가야만 살 수 있는데, 그들을 포식하기 위한 바다악어들의 무차별적인 사냥은 밤새도록 계속되었습니다. 이를 지켜보며 섬의 밤하늘을 뜬눈으로 지새웠던 수많은 별들도 새끼 바다거북처럼 대부분 사라져가고 있던 아침. 그 아침이 죽음으로 아로새겨진 천신만고의 길을 제대로 추스르지도 못한 부스스한 얼굴일 때, 파도는 기어오는 바다거북들을 향해 서둘러 마중 나가, 그들을 와락, 끌어안았습니다.

저 바다가 바다거북들에게 하나의 섬으로 살아가게 할 수 있을까를 걱정하는 내내, 구사일생의 기억들을 안고 살기 위해 살기 위해 삶의 바다로 나가야만 했던 내 청춘의 기억들이 섬처럼 솟구쳐 올랐습니다.

동행

심한 부상을 당하고 제때 먹지도 못하여
무리를 따라가지 못하는
새끼 사자가 절뚝거리고 있다.
이제 곧 그의 죽음이
텔레비전 화면을 가득 채울 것이라는
예감으로 다가오고 있을 때,
형제인 듯한 또 다른 새끼 사자 한 마리가
가던 길을 멈추고 한참동안
그를 기다려준다.

살아남을 자만 데리고 가겠다는
어미 사자의 판단력도 허물어졌는지
그의 가족과 더불어
그를 기다려주는 동안
죽음의 피를 보지 않았다는 안도감으로 물드는
아프리카의 노을,
대초원을 붉게 달구고 있다.

용트림

지렁이 한 마리가
바짝 마른 껍질이 되어 길가에 죽어 있다.
땅속을 헤치고 나가면
한 마리의 용이 될 수 있겠다는 꿈,
그리고는 기어코 천상으로 날아오르겠다는 열정,
그 모든 전생의 기억을 잃어버린 것이 안타까웠을까
죽음 직전의 마지막 몸부림을 기억하는 길 위로
그 몸부림이 마치 용의 무늬처럼 찍힌 길 위로
소나기 쏟아진다.
힘겨웠던 지렁이의 삶을 달래주기 위해
천상의 눈물방울처럼
하나 둘씩 몰려오더니
이내 우르릉 쾅쾅,
용트림이 시작되었다

바람의 선행

팔월의 어느 날
암자만 바라보고 살던 단풍나무 잎이
홀로 떨어져
어디로 가서 무엇을 할지
망설이고 있는 것을 보고

바람은
때 마침
암자 마당 한쪽에서
옷을 벗고 목욕하는 동자승을 발견하고는
단풍잎을 끌고
동자승의 거시기를 가려주기 위해
부끄러운 듯
살며시 다가서는 것이었습니다

홍매화

박새가 무더기로 길을 잃고
제 어미 찾으려고
몇 번이고 앉았다 날아간 자리
바로 그 자리가
몹시도 가려웠던 것이다 홍매화는

우듬지까지 흔들며 하루 종일 허공에다
그 자리를 긁어대기만 하다가
햇살도
따사로운 손톱으로 그 자리를 긁어주기만 하더니
양수처럼 맺힌
핏덩이
마침내,

터
졌
다

파문의 그늘

1

일찌감치 자신이 존재하지 않았음을 알고 있는 남북의 경계선이
하나의 원으로 만날 수 있음을 알려주는 것,
그것이 파문이란 말인가.
두루미 떼가 강물을 차고 올라갈 때마다
튼튼한 곡선으로 헤엄치는 파문이여,
햇살의 손을 잡고 서로의 땅으로 도강(渡江)하고 또 도강하라.
도강하여 아직도 울타리를 치고
서로의 불신을 풀어헤치지 못하고 있는
판문점의 봄에도 파문이 일게 하라.
강 속에 제 모습을 빠트리고 있는 봄꽃에게도
덩달아, 까다로운 검열을 받고 이곳 판문점까지 찾아온
나의 긴장감에도 파문을 전해다오.

2

꼭 살아서 다시 돌아오겠다던 포로들의 영혼이

돌아오지 않는 다리에는
웃자란 이데올로기만 왕래할 뿐이지만
그 이데올로기의 형체를 보기 위해
동공을 키우는 망원경 앞으로 불쑥불쑥 나타나는
남북의 바람 소리에도
악수를 하고 포옹을 하는 파문이 그려지고 있으니
자유롭게 왕래하는 버릇을 알리는 남북의 구름들에도
파문의 그늘이 흐르고 있으니
남과 북의 경비병들이여,
넓은 이파리들끼리 따뜻하게 귀엣말을 주고받는
저 활엽수들의 다정함처럼
서로의 그림자를 길게 당겨와 파문을 그려다오.
속절없이 판문점의 봄만 지나가고 있지 않은가.

일기장

삶은
저절로 뜨거워지는 것이 아니라며
삼복더위에도
쉴 새 없이 쳇바퀴를 굴리는
다람쥐 한 마리의
생존법을 배우고 싶었다고 쓴
가난했던 날의 일기장을 읽는데
박제된 다람쥐가 살아나와
고생했다며
잘 살아왔다며
중년의 내 눈물을 닦아주고 있다

水心, 愁心

눈썹달 하나 놀게 해줄
물이 없다는 것보다
흘러가는 꿈을 꾸지 못하여
두루미 한 마리도 찾아오지 않는 것이
더 슬프기만 한
하지(夏至)의
중랑천을 근심하였다

서해바다

매미들이 한밤중 서해 바닷가를 습격하였다.
식당 안 불빛 아래에 모여들며
짝짓기를 하지 못해 터트리는 울음,
곡진하기만 한데
울음처럼 흔들리는 불빛도
매미들의 슬픔을 헤아리다 지쳐만 가고 있다.
온몸을 뻗어
바닷가 맞은편 숲 쪽으로 힘껏 달아나 보지만
어둠에 막혀 방향을 잃고 제자리걸음이다.
그런 불빛을 지켜보던
어둠의 손끝과 길의 발끝이 저려온다.
빨리 쫓아내라고 아우성인 상인들에 맞서
살겠다며 살아남겠다며
마지막 몸부림을 치는 매미들의 날갯짓,
점점 더 조개무덤처럼 쌓여만 가는데
파도 소리는
또다시 매미들의 절규를 잠재우기 위해 몰려들고만 있고
거기에 더하여 굵은 빗방울을 떨어뜨리기 시작하는

야속한 서해바다여.

서해바다여.

절벽이 되고 싶다

유장했던 생의 피로와 외로움을 덜기 위해
자신의 허약해진 몸의 한쪽을 떼어내며
크고 작은 돌들을 지상에 떨어뜨리고 있는
절벽의 행위가

새살을 돋우려는 절벽의 노력이고
낡은 과거를 떨쳐버리고
더 강인해지기 위한 절벽의 정신이라면

나도
몸의 고장 난 부분을 떼어내고
새살을 돋우는
절벽이 되고 싶다

뽀송뽀송

잠자기 전에 어린 딸이 뽀뽀를 하다가
아빠, 수염이 따가워. 따가워, 하면서도
그래도 꿈에서 만나면 또 뽀뽀해 줄게, 하는
그 말을 못 잊어
잠자기 전에 꼭 면도를 하고 잤더니

아침에
딸아이의 얼굴은
더 뽀송뽀송해져 있었습니다.

우체국 가는 길

우표 속의 꽃이 유난히 얼굴을 붉히는 것은
답장을 바라지 않는 편지라는 것을 알고 있기 때문이리라.
그 꽃을 꺼내 내 영혼이 덥혀진 입김을
그 위에다 몇 번이고
몇 번이고 호, 호, 호, 불어넣기를 시작하면
편지는 한 마리 접동새처럼 날개를 달며 퍼덕인다.

내 운명은 그대를 향하고 있다는 예감이
신열처럼 뜨겁게 번져나가는 길목을 지날 때마다
곧 만개할 것 같은 철쭉 향기가 먼저 얼굴을 내민다.
그대를 만났다는 것만으로도 가슴 벅찬 일이지만
내 모든 노력과 깊이로
꼭 그대 나라의 백성이 되겠다고 쓴
편지 속의 곡진한 문장이
줄곧 나를 따라다니던 안개처럼
우체국 가는 길을 놓지 않는다.

안개의 속살까지 빨아들여 뽀얘진 빨간 우체통

그 옆에서 한 식구처럼 갖가지 사연들을 먹고 자란 석류나무가
무더기로 석류들의 입을 벌릴 때,
바로 그런 계절이 올 때쯤이면
그대도 수신인의 주소만 쓴
붉은 편지 한 통 보내주는 날 오리라 믿으며
나는 편지를 부친다.

지뢰 조심

직박구리 떼야,
남과 북에서 날아온 직박구리 떼야,
여기는 비록 비무장지대이지만
너희들의 분비물과 울음을
무더기로
한꺼번에
떨어뜨려 놓아라.

그래야 개망초들
쑥쑥 커서
지뢰 조심, 이라는 표지판의 글자를 덮으며
흐드러지게
피어나지 않겠니.

해설

튼튼한 곡선의 힘

신종호(시인)

1.

생명은 유출(流出)하는 힘이다. 그리스의 철학자 플로티누스(Plotinus)는 "넘쳐남이 다른 모든 것을 창조한다."고 말한다. '일자(一者)'의 넘침이 만물을 창조하고, 만물들의 넘침이 세계와 정신을 창조하고, 세계와 정신의 넘침이 예술을 창조한다는 것이 플로티누스 사상의 요체다. 신(新)플라톤주의자들의 시조(始祖)로 알려진 그의 사상적 매력은 '유출(Emanation)'이라는 개념에 있다. 흘러넘침의 관계로 세계와 인간의 요원한 간극을 메워가는 플로티누스의 유연한 사유는 세계와 자아의 근원적 합일을 갈망하는 시인의 정신과 흡사하다. 자연과 인간, 삶과 죽음, 이상과 현실의 불가항력적인 틈을 내면의 '힘'으로 봉합하여 미적 세계를 전취하는 것이 서정시의 본령일 것이다. 힘/생명력이 없는 서정은 빈곤하고 지루하다. 그것은 감정의 내적 나태이며 낭비다. '빈곤의 서정'은 세계의 탈(脫)자연성(기계화)이 초래한 것이라기보다는 시적 주체의 왜소, 즉 힘의 부재가 만든 자기소진의 결과일 것이다. 근자에 서정으로 회귀하는 경향이 두드러지는데, 그러한 흐름이 반가우면서도 염려스러운 것은 서정시의 새로운 활로에 대한 내·외적 고민과 성찰이 충분히 개진되지 못한 채 자기 감정의 안락으로 피신하는 것은 아닐까라는 우려 때문이다.

오석륜 시인의 『파문의 그늘』은 빈곤의 서정을 돌파하는 내적 힘을 갖고 있어 읽는 이에게 뚜렷한 인상을 남긴다. 막연한 감정의 토로나 공허한 미적 수사에 함몰되지 않고 견고하게 자기만의 서정적 세계를 구축한 오석륜 시인의 『파문의 그늘』은 "넘쳐남이 다른 모든 것을 창조한다."는 플로티누스의 생각과 상통하는 행로를 보인다는 점에서 각별한 인상을 남긴다. 그의 넘침은 "튼튼한 곡선으로 헤엄치는 파문"(「파문의 그늘」)처럼 근원에서 주변으로 퍼져가는 조용하고 부드러운 '힘'의 물결로 정의할 수 있다. 근원이 없는 넘침은 어수선하고 현란하기 마련이다. '근원'과 '파문'의 관계는 '생명'과 '삶'의 관계의 관계로 등치할 수 있다. 그러므로 그가 말하는 '파문의 그늘'은 힘(생명)의 근원에서 시작된 '파문으로서의 삶'으로 이해할 수 있다. 삶이란 '힘의 분출(넘침)'이라는 생각이 이번 시집의 내용을 지탱하는 견고한 기둥이라 할 수 있다.

비록 얕고 좁은 여울이지만
여기로 모여든
물살들의 생각은
회오리바람이라도 일으킬 것처럼
스스로의 힘과 근육을 키우겠다며
끊임없이 돌고 도는,
더 낮은 곳을 향해
더 힘차게 살아가겠다는
다짐 같은 것인데

곰곰이 생각해보면
내 몸속에도 유전자처럼
여울이 있었다.

—「여울」 전문

시집은 시인의 세계관으로 지은 '집'으로 비유할 수 있다. 삶에 대한, 세계에 대한 통일적 견해로서의 세계관이 없는 시집은 아무리 뛰어난 미적 표현을 동반한다 해도 결국은 사상누각이고, 요령부득이다. 시 「여울」은 오석륜 시인의 세계관이 무엇인지를 선명하게 보여준다. 그의 세계관은 '여울의 의지'로 함축된다. 의지란 힘의 표현이다. '여울'은 "힘차게 살아가겠다는/다짐"이 투영된 장소이며, 생의 의지가 요동치는 힘의 발원지로 묘사된다. 지금은 "비록 얕고 좁은 여울"로 한정되어 있지만 그 안에는 더 나은 시간을 향한 긍정의 사유들이 "회오리바람"처럼 솟구치면서 "스스로의 힘과 근육"을 강화하는 시초(始初)의 장소, 즉 생명력이 유출되는 출발점으로 설정되고 있다. 또한 '돌고 도는' 여울의 반복적 움직임은 가속(加速)되는 자기단련의 시간이 누적되는 응축의 지점이자, '더 낮은 곳'을 향해 흘러가고자 하는 의지가 발현되는 장소라 할 수 있다. '돌고 도는' 물살의 회전은 힘을 응집하고 가속시키는 운동이며, 의지의 근육을 강화하는 충전의 움직임이다. 그러므로 "낮은 곳을 향"한 여울의 의지는 '응집과 가속'의 힘(파문)으로 현실의 세계와 응전해가는 '힘에의 의지'로 해석할 수 있을 것이다. 이는 니체(Friedrich Wilhelm Nietzsche)가 말한, "주인이 되기를 원하고, 그 이상이 되기를 원하며, 더욱 강해지기를 원"하는 것으로서의 '힘에의 의지'에 상응하는 것으로 이해할 수 있으며, 그것이 바로 화자의 몸에 '유전자'처럼 각인된 '여울'의 근육적 응축이자 시인의 세계관이라 짐작할 수 있다.

2.

힘을 비축하고 도약을 꿈꾸는 '힘에의 의지'는 『파문의 그늘』 곳곳에서 '발아(發芽)의 의지'로 구체화된다. "봄이 찾아오면 싹을 틔워/스스로 참나무가 되겠다는/꿈"(「도토리의 꿈」)이나, "조금만 더 버텨보자며/뿌리의 근육을 무시로 어루만지는 원추리 몇 송이"(「산속의 가뭄을 옮겨 적다」)는 발아적 상상력에 근거한 표현들이다. 껍질을 뚫고 '싹'을 틔우려는 '도토리'와 대지를 뚫고 발아하기 위해 '뿌리의 근육'을 어루만지는 '원추리'의 이미지는 인고(忍苦)의 시간을 견뎌가는 '견고함'과 자기단련의 결의를 표상한다. 뿌리와 씨앗에 응집된 '힘에의 의지'가 꽃이나 싹으로 발아하는 과정은 시 「여울」에서 "더 낮은 곳"으로 흘러가려는 여울의 운동성과 일맥상통한다. 오석륜 시인의 시에서 '높고 낮음', '위와 아래'라는 공간의 위계(位階)는 중요하지 않다. 중요한 것은 '운동성'이다. 그에게 공간은 솟구치고, 흐르고, 퍼져가고, 피우는 동사들의 장(場)으로 설정된다. 이번 시집에 '담쟁이넝쿨', '은행', '벚꽃', '개나리', '별꽃', '매화', '동백', '민들레', '능소화' 등 식물과 꽃의 이미지들이 빈번하게 드러나는 현상은 발아적 상상력과 힘의 운동성에 관련한 것이라 할 수 있다. 그래서 꽃의 이미지들은 화자의 감정을 우회적으로 드러내는 객관적 상관물이라기보다는 시인의 내적 힘과 생명의 발현체로 읽혀진다. 여울의 흐름과 씨앗의 발아에 근거한

'힘에의 의지'는 동사적(動詞的) 세계로 편입되면서 '파문'이라는 시적 의미망을 생산한다.

눈물은
서로에게 번지다가
또 퍼지다가
마침내 식구들의 얼굴에
같은 모양의 파문을 그리고 있는 것을
본 적이 있었다.

—「파문」 부분

두루미 떼가 강물을 차고 올라갈 때마다
튼튼한 곡선으로 헤엄치는 파문이여,
햇살의 손을 잡고 서로의 땅으로 도강(渡江)하고 또 도강하라.
도강하여 아직도 울타리를 치고
서로의 불신을 풀어헤치지 못하고 있는
판문점의 봄에도 파문이 일게 하라.
강 속에 제 모습을 빠트리고 있는 봄꽃에게도
덩달아, 까다로운 검열을 받고 이곳 판문점까지 찾아온
나의 긴장감에도 파문을 전해다오.

—「파문의 그늘」 부분

위 두 작품에 나타난 '파문'의 의미는 중심(나)에서 주변(가족, 사회)으로 퍼져가는 관계와 정념의 움직임으로 드러난다. 오석륜 시인에게 '파문'은 자연현상과 사회현상에 드리운 모든 변화와 정념의 양태를 포착하는 특유의 시선이라 할 수 있다. 시 「파문」에 나타난 '번지다', '퍼지다', '그리다'의 동사는 '눈물', 즉 슬픔의 확산 경로를 동심원적으로 현시한다. 하나의 슬픔이 모든 가족의 슬픔이 되어 "같은 모양의 파문"을 그리는 동일화의 과정은 슬픔으로 인해 가족 간의 관계가 분열되는 양상과는 달리 슬픔 속에서도 따스한 유대감을 느끼게 한다. 이러한 유대감이 가족과 관련된 시편들에 공통적으로 나타난다는 것이 이번 시집의 한 특징이다. 가난이 주는 고통에도 불구하고 그에 좌절하지 않고 긍정적 사유로 현실을 헤쳐가려는 시인의 '건강한 의지'는 파문의 동심원적 번짐과 밀접한 관련을 갖는다. 이번 시집의 바탕이 되고 있는 건강성(긍정)의 사유는 "장마가 끝나고 나면/언제 그랬냐는 듯 또다시 일당을 찾아/빗줄기처럼 세상 곳곳으로 퍼져나갔다"(「장마」)는 표현에서 그 윤곽과 실체를 파악할 수 있다. '빗줄기처럼 곳곳으로 퍼져' 가는 삶에의 부단한 의지, 그러한 동심원적 파문의 의지가 서정적 표현을 통해 구체화되고 형상화될 때 오석륜 시인만의 고유성이라 할 수 있는 '힘의 서정'이 발현된다.

직선의 사유가 배척과 분열을 낳는다면 원(圓)의 사유는 포용과 통합을 낳는다. 시 「파문의 그늘」은 분단의 현실 앞에서 통일의 기운이 남과 북에서 동시적으로 촉발되기를 바라는 염원을 보여준다. "튼튼한 곡선으로 헤엄치는 파문"은 대립과 갈등의 첨예함을 해체하여 완화시키는, 즉 서로의 '불신'을 풀어헤치는 동력이 된다. 파문은 '울타리'와 '검열'로 표상된 폐쇄와 불신의 관계를 제거하고 서로가 서로에게로 넘쳐 흘러가는 포용과 통합의 자세를 표상한다. 포용과 통합의 관점은 시 「파문」에 드러난 '유대감'의 정서와 상통하는 것은 물론 가족과 현실의 문제를 다룬 시들에 공통적으로 적용되고 있는 시인의 세계관이다. 포용과 통합의 관점이 메시지 전달에만 치중될 때 시적 긴장은 사라지게 된다. 이는 통합과 포용이 자칫하면 뻔한 장광설이 될 수 있다는 것을 뜻한다. 그렇지만 오석륜 시인은 그러한 염려에서 한 발 벗어나 있다. "강 속에 제 모습을 빠트리고 있는 봄꽃"이라는 표현에서처럼 서정적 표현과 비유로 메시지의 즉자성과 건조함을 미적으로 전환시키는 수사적 역량이 시집 곳곳에서 충분히 발견되기 때문이다.

3.

시는 필연적으로 근원에 대한 향수(nostalgia)를 드러낼 수밖에 없다. 근원의 세계는 '생명', '자연', '고향', '어머니'로 표상되는 것이 일반적이다. 노스탤지어는 근원으로 회귀할 수 없는 고통의 정념이다. 어머니와 고향에 대한 그리움은 보편의 정서이기에 소재 그 자체만으로 읽는 이의 마음에 울림을 전한다. 오석륜 시인도 그러한 보편의 정서에서 크게 벗어나지 않는다. "법당 안의 향불처럼/이승에서의 길지 않았던 삶"(「그해 여름 구인사」)을 살았던 어머니에 대한 그리움은 시인의 고유한 감정이면서 또한 보편의 감정일 것이다. 그렇기 때문에 모든 시에 나타난 개별의 어머니는 보편의 어머니로 읽혀진다. 그렇지만 오석륜 시인은 그러한 보편의 정서를 드러내면서도 "어머니의 배꼽을 닮은 며느리배꼽꽃이 드문드문 피어나/우리 형제의 하굣길을 지켜보고 있었다."(「배꼽」)는 표현에서처럼 상실의 아픔을 내면화해서 현재를 살아가는 '삶의 동력'으로 삼는다는 점에서 남다름을 보인다. 돌아가신 어머니의 '배꼽'을 닮은 '며느리배꼽꽃'이 어머니를 대신해 '형제의 하굣길'을 지켜본다는 긍정의 힘은 '피다'는 동사에 내포된 생명력에서 파생된 것으로서, 앞에 언급한 '발아적 상상력'에 근거한 생의 의지와 밀접한 관련을 갖는다. 어머니에 대한 그리움은 시인의 고향인 '단양'에 대한 그리움과 맞물려 드러나는데, 고향에 대한 그리움도 대체로 '꽃'이 매개가 되어 드러난다. "별처럼 생긴 꽃들이 난만하던 곳"(「올산리」), "단양 땅 여기저기에 피어날 눈꽃"(「단양역에서」)에서 보듯 고향의 모습이 '난만하다', '피어나다'는 동사와 결합된 꽃의 이미지로 나타난다. 이러한 특징은 어머니와 고향의 상실에서 오는, 즉 근원에로의 회귀불능에서 파생된 고통과 쓸쓸함의 정서를 삶의 동력으로 전환시키려는 생의 의지에 기인한 것으로 보인다. 어머니와 고향의 상실로 인한 그리움의 보편정서를 삶의 동력으로 전환하는 시인의 사유방식도 각별해보이지만 '자연'에 대한 노스탤지어의 정서를 애잔함이나 쓸쓸함의 수사로 드러내지 않고 농담과 아양과 잔소리와 귓속말과 수다와 같은 경쾌함의 수사로 넘어서려는 유연성이 더 각별하고 특별해 보인다. 다음 시가 그러한 예이다.

봄비가
혀 짧은소리로
아양을 조금 떨었을 뿐인데
그 유혹을 참지 못한 채 떨어지는
목련꽃 이파리를

바람이
왜 그랬냐고,
왜 그랬냐고,
여기저기 잔소리로 끌고 다니고 있다

—「관심」 전문

허공에서 들었던
새들의 익살스러운 농담을
하나하나 기억하고 있다가
지상에 내려오자마자
아낌없이 꽃들에게 들려주는
빗줄기

그 농담을
꽃잎이 꼼꼼하게 받아 적을 때마다
시들해진 꽃들도
환하게
웃음꽃을 피울 수밖에 없었습니다

—「웃음꽃」 전문

자연의 실상(實相)은 인간화될 때, 즉 주관을 통해 재구성될 때 시적 의미를 획득한다. 자기화(自己化)되지 못한 자연은 두렵거나 공소한 대상이 된다. 서정은 자기화된, 밀착화된 거리에서 발생하는 미적 전유(專有)라 할 수 있다. 시 「관심」은 봄비가 내리고 바람이 불고 목련이 지는 자연현상의 순간을 '아양'과 '유혹'과 '잔소리'의 인간적 관계로 포착하고 있어 경쾌함을 준다. 삶이란 관심의 연속이다. 관심이란 유혹하고 유혹당하는 관계들의 얽힘과 간섭이라 할 수 있을 것이다. 시 「관심」은 '봄비'와 '목련'의 유혹적 얽힘과 그것에

질투를 느낀 듯한 '바람'의 '잔소리'가 '여기저기'에 개입되는 풍경을 묘사한다. 그 풍경은 '아양'과 '잔소리'에 의해 인간화되고 입체화되면서 생명의 소란한 화음을 보여준다. 가볍고 경쾌한 움직임들에 의해 웃음과 생명이 만들어지는 곳이 오석륜 시인이 동경하는 세계의 진경(眞景)일 것이다. 그러한 동경의 저변에는 무관심과 소외로 점철된 현실에 대한 지극한 실망이 있을 것으로 짐작된다. 인간과 인간의 관계가 조응(照應)하지 못할 때 자연에 대한 동경이 발생한다. 그래서 시 「웃음꽃」은 웃음이 사라진 현실에 대한 알레고리(allegory)로 읽혀진다. 새들의 지저귐을 '익살스런 농담'으로 받아들인 '빗줄기'가 그 농담을 '꽃잎'에게 들려주고, '꽃잎'이 그걸 '꼼꼼하게' 받아 적어 '시들해진 꽃'에게 전해주자 '웃음꽃'이 피었다는 연쇄적 상상력이 신선하게 다가온다. 이러한 상상이 가능한 것은 '파문'의 사유 때문일 것이다. 바람이 불고, 비가 내리고, 꽃이 피는 현상을 자연스런 '힘의 전이(轉移)', 즉 생명의 유출과 파문으로 읽어내면서 그것을 인간화하여 현실의 부조리에 대비시키는 시적 전략은 서정을 통한 현실 비판의 새로운 가능성을 보여준다는 점에서 주목하지 않을 수 없다.

4.

가볍고 진지하지 못한 언사로 받아들여지는 '농담'이나 '잔소리' 등의 의미가 생명력을 회복하는 매개가 되는 예는 위에 거론한 시 외에도 "가뭄에 지친 스스로의 목마름을 풀기 위해/잔잔한 수다를 떨고 있는/초가을 빗줄기처럼/그녀의 귓속말이/내 몸으로 스며들 때마다"(「가을 우산」), "이리저리 길을 찾아다니며 조잘대던 물이/실어증에 걸린 것을 알아차린 멧새들,/떼로 모여들어 수다를 떤다./물의 기억을 되살려야 한다며"(「산속의 가뭄을 옮겨 적다」)에서처럼 '수다'와 '귓속말'로 드러난다. '목마름'을 풀거나 '물의 기억'을 되살리는 것은 '생명회복'을 의미한다. 여기서 눈여겨볼 것은 생명회복의 의지가 서정적 에로티시즘(eroticism)의 세계로 드러난다는 점이다.

다음날 아침
이정표 같았던 철새 울음들이 몰려 간 곳을 살펴보았더니
전구 알 같은 동백의 꽃망울이
눈덩이를 오물오물 빨고 있었다

—「정전과 동백」 부분

그 기차 소리를 고스란히 빨아들이고 있는 강물처럼
그대에게 흘러가려고 하자
그대가 귓속말로

지금 저 기차처럼 우리들도 어디론가 가고 있는 것이
아니냐고

—「귓속말의 정체」 부분

그 여우비를 피해
잠깐 동안 내 옆에 머물렀던
그녀가
마치 여우비처럼 몸을 살짝 스치고만 갔는데

내 몸은 그만
흠뻑 젖어버렸습니다

—「여우비」 부분

에로티시즘이란 끊임없는 감행되는 생명의 고양(高揚)이다. '끊임없는'의 시간은 죽음까지 진행된다. 조르주 바타유(Georges Bataille)가 에로티시즘을 "죽음까지 파고드는 삶"이라 정의한 것도 생명에의 끊임없는 의지를 강조하려 한 것이다. 에로티시즘을 소재로 한 대개의 작품들이 격정적 양상을 보이는 것도 바로 '생명에의 의지' 때문일 것이다. 오석륜 시인의 시에 드러난 에로티시즘은 격정적이기보다는 조용하고 내밀하다. 직접적이거나 혹은 간접적인 성애(性愛)의 표현도 없다. 그럼에도 불구하고 에로틱한 분위기가 물씬 느껴진다. 자연의 이미지, 특히 '물'의 이미지와 몇몇 동사의 활용을 통해 대상에서 대상으로 넘쳐 흘러가는 생명의 뜨거운 감정들을 절제하고 정제해서 반쯤 혹은 일부만 보여주기 때문일 것이다. 보이지 않는 나머지의 열기는 오히려 독자의 상상적 다정함을 이끌어내기 때문에 원래보다 더 에로틱할 수밖에 없다. 시 「정전과 동백」의 '동백의 꽃망울'과 '눈덩이'의 관계는 뜨거움과 차가움, 붉은색과 흰색의 감각으로 대조된다. 둘 사이의 대조 관계는 '오물오물'이라는 부사와 '빨다'라는 동사에 의해 서로 융합·용해되면서 에로틱한 정서를 자아낸다. 이러한 분위기는 생명의 발아와 맞물리면서 더욱 생동감이 느껴진다. 또한 '울음', '꽃망울', '오물오물'의 시어에 반복된 유성음(有聲音)과 '오물오물'에서 느껴지는 작고 조용한 움직임이 각각 부드러움과 내밀함의 분위기를 자아내면서 에로틱한 분위기를 한층 강화한다. 이러한 단어의 선택과 배열은 시인의 미의식이 적극 반영된 것이라 여겨진다.

시 「귓속말의 정체」 또한 조용하고 내밀한 에로티시즘이 느껴진다. '귓속말'은 대체로 친밀함의 관계를 표현한다. 오석륜 시인의 경우는 친밀함보다는 내밀함에 가까워보인다. 친밀은 근접의 거리고, 내밀은 밀착의 거리다. "고스란히 빨아들이고 있는"에서 느껴지는 밀착(흡착)과 "어디론가 가고 있는" 에서 느껴지는 분출(확산)의 거리가 서로 교차하면서 조용하면서도 격한 에로틱의 감정이 유발된다. '귓속말'로 전해지는 감정의 오고감, 빨아들이고 흘러가는 동사적 리듬이 '기차'의 역동성과 맞물리면서 빚어내는 에로틱한 분위기는 근래의 시편들에서는 찾아보기 힘든 인간적 다정함이라 할 수 있다. 그러한 역량은 시 「여우비」에도 유감없이 발휘된다. '살짝'과 '흠뻑', '스치다'와 '젖다'의 절묘한 결합에서 오는 긴장이 '나'와 '그녀'의 에로틱한 감정을 고조시킨다. 별이 있는 날 잠깐 내리는 '여우비'의 시간에 아주 '잠깐' 화자를 스쳐간 '그녀'로 인해 온몸이 '흠뻑' 젖었다는 진술은 읽는 이의 감정까지 몰입시켜 달아오르게 만든다. 오석륜 시인의 에로티시즘은 조용하고, 내밀하고, 충만한 '서정의 에로티시즘'이라 정의해 볼 수 있을 것이다. 그의 에로티시즘은 상쾌하고 경쾌하고 짜릿하다. 불쾌하고 찜찜한 감정을 유발하는 에로티시즘의 경향이 '인간의 본성'이라는 미명하에 거리낌없이 소비되는 요즘의 세태에 비추어본다면 그의 '서정적 에로티시즘'은 매우 소중한 것이 아닐 수 없다.

5.

"세상을 천천히 산 것도 아니고 설렁설렁 산 것도 아닌데 시집이 늦었다."는 '시인의 말'을 읽으면서 왜 늦었지?, 라는 생각을 나도 얼핏 해보았다. 시집을 다 읽고 나서 우둔한 머리로 궁벽한 해설을 써가면서 그 이유를 점차 알게 되었다.

"튼튼한 곡선으로 헤엄치는 파문"의 시간이 만든 생명의 결이 그리 쉽게 만들어지는 것은 아닐 것이다. 하여, 그의 시집은 시간의 촉박에 시달리지 않는 '농담'의 '근육'과 유연함이 만든 생명의 견고한 무늬들이자 파문의 힘일 것이다. 그 힘들에 내재된 '서정적 에로티시즘'의 진경을 다음 시집에서 물씬, 아니 전폭적으로 느껴보고 싶다. "사과 한가운데 숨은 씨앗은 보이지 않는 과수원이다."는 조나단 실버타운(Jonathan Silvertown)의 말처럼 내밀하고 농밀한 생명의 발현으로서의 '서정적 에로티시즘'이 발아하길 기대한다.

이 도서의 국립중앙도서관 출판시도서목록(CIP)은 서지정보유통지원시스템 홈페이지(http://seoji.nl.go.kr)와 국가자료공동목록시스템(http://www.nl.go.kr/kolisnet)에서 이용하실 수 있습니다.(CIP제어번호: CIP2018008772)

시인동네 시인선 090

파문의 그늘

초판 1쇄 인쇄 2018년 3월 23일
초판 1쇄 발행 2018년 3월 30일
지은이 오석륜
펴낸이 고영
책임편집 서윤후
디자인 헤이존
펴낸곳 문학의전당
출판등록 제2017-000002호
주소 서울시 마포구 마포대로 11길 91, 3층
전화 02-852-1977 팩스 02-852-1978
전자우편 sbpoem@naver.com

ISBN 979-11-5896-365-1 03810